W9-BGU-556

en español

BIOGRAFÍAS GRÁFICAS

★ ★ ★ ★ ★ ★ ★ ★ ★

NATHAN HALE
ESPÍA REVOLUCIONARIO

por Nathan Olson

ilustrado por Cynthia Martin

y Brent Schoonover

Consultor:

Wayne Bodle, PhD

Profesor Asistente de Historia

Indiana University of Pennsylvania

Indiana, Pensilvania

Capstone
press

Mankato, Minnesota

Graphic Library is published by Capstone Press,
151 Good Counsel Drive, P.O. Box 669, Mankato, Minnesota 56002.
www.capstonepress.com

1 2 3 4 5 6 11 10 09 08 07 06

Library of Congress Cataloging-in-Publication Data
Olson, Nathan.
[Nathan Hale. Spanish]
Nathan Hale: espía revolucionario/por Nathan Olson; ilustrado por Cynthia Martin y Brent
Schoonover.
p. cm.—(Graphic library. Biografías gráficas)
Includes bibliographical references and index.
ISBN–13: 978–0–7368–6606–4 (hardcover : alk. paper)
ISBN–10: 0–7368–6606–X (hardcover : alk. paper)
ISBN–13: 978–0–7368–9674–0 (softcover pbk. : alk. paper)
ISBN–10: 0–7368–9674–0 (softcover pbk. : alk. paper)
1. Hale, Nathan, 1755–1776—Juvenile literature. 2. United States—History—Revolution,
1775–1783—Secret service—Juvenile literature. 3. Spies—United States—Biography—Juvenile
literature. 4. Soldiers—United States—Biography—Juvenile literature. I. Martin, Cynthia, 1961–
II. Schoonover, Brent. III. Title. IV. Series.
E280.H2O4518 2007
973.3'85092—dc22
2006043856

Summary: In graphic novel format, tells the life story of Revolutionary War hero and spy Nathan
Hale, in Spanish.

Art and Editorial Direction
Jason Knudson and Blake A. Hoena

Editor
Christopher Harbo

Designer
Ted Williams

Translation
Mayte Millares and Lexiteria.com

Storyboard Artist
Barbara Schulz

Nota del Editor: Los diálogos con fondo amarillo indican citas textuales de fuentes fundamentales.
Las citas textuales de dichas fuentes han sido traducidas a partir del inglés.

Direct quotations appear on the following pages:
Pages 11, 15 (bottom), 25 (top), from *Documentary Life of Nathan Hale: Comprising all
Available Official and Private Documents Bearing on the Life of the Patriot* by George
Dudley Seymour (New Haven, Conn.: Private Publisher, 1941).
Pages 15 (top), 25 (bottom), from *Life of Captain Nathan Hale: The Martyr-Spy of the American
Revolution* by I. W. Stuart (Hartford, Conn.: F. A. Brown, 1856).

★ ★ ★ ★ ★ ★ ★

TABLA DE CONTENIDOS

CAPÍTULO 1

ESTUDIANTE Y MAESTRO

En los años 1760, Nathan Hale y su hermano mayor Enoch vivían en Coventry, Connecticut. Nathan y Enoch crecieron escuchando a su padre, Richard, y a otros colonos quejarse acerca de las leyes británicas y de los impuestos. En esa época, la Gran Bretaña gobernaba las 13 colonias norteamericanas.

Esta Ley del Sello va demasiado lejos. Ahora pagamos un impuesto en cada pedazo de papel que utilizamos.

¡La gente no lo soportará!

Créanme, estos impuestos causarán muchos problemas.

Nathan estudió latín y griego. También estudió matemáticas, ciencias y religión. Nathan obtuvo muy buenas calificaciones en sus clases.

Todos ustedes necesitan pensar acerca de su futuro. ¿Alguno de ustedes ha decidido qué carrera va a seguir?

Señor, yo pienso convertirme en maestro.

¡Mira qué bien!

¡Híjole!

Nathan también era un gran atleta. Era excelente corredor y luchador. Su habilidad para realizar saltos de gran altura impresionaba a los demás estudiantes.

Nathan con frecuencia debatía con sus compañeros de clase. En 1770, los soldados británicos dispararon a una multitud en Boston, Massachusetts. Conocido como la Masacre de Boston, este evento inició el que muchas personas discutieran sobre el dominio británico.

Como súbditos británicos, los colonos deberían de obedecer al rey.

¿Por qué obedecer a un rey cuyos soldados disparan sus mosquetes hacia una multitud de ciudadanos?

Cuando Nathan tenía 18 años, se graduó de Yale. Las festividades del día incluían un debate. Nathan argumentó a favor de la educación para las niñas.

Las niñas no necesitan ir a la escuela. Ellas pueden aprender lo que necesitan en casa.

Un hombre que educa a sus hijos no tiene razón alguna para no cumplir con darle una educación a sus hijas.

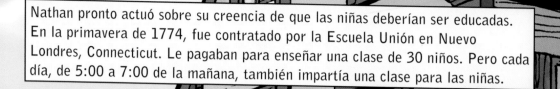

Nathan pronto actuó sobre su creencia de que las niñas deberían ser educadas. En la primavera de 1774, fue contratado por la Escuela Unión en Nuevo Londres, Connecticut. Le pagaban para enseñar una clase de 30 niños. Pero cada día, de 5:00 a 7:00 de la mañana, también impartía una clase para las niñas.

¡Buenos días!

Buenos días, Sr. Hale.

Por favor abran sus libros en la página 120.

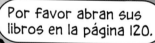

Me pregunto para qué se toma la molestia.

No le pagan lo suficiente como para levantarse dos horas más temprano todos los días.

Mientras tanto, la frustración por los impuestos británicos iba en aumento. Unos cuantos meses antes, un grupo de hombres disfrazados de indios había abordado buques británicos en la bahía de Boston. Tiraron todo el té a bordo en la bahía. Las noticias del Motín del té en Boston se divulgaron a través de todas las colonias.

El té no les pertenecía. Fue un error que lo arruinaran.

Fue un error crear un impuesto sobre el té en primer lugar.

Nada que no sea una guerra nos dará la independencia de la Gran Bretaña.

Nathan empezó a registrar los eventos de su vida militar en un diario.

6 de octubre, 1775. Casi 100 cañones fueron disparados por el enemigo. Le cercenaron el brazo a un hombre y mataron una vaca.

A los 20 años, Nathan se convirtió en capitán del 19º Regimiento Continental y viajó a Boston. Ese invierno fue muy duro para los soldados americanos. El alimento y otras provisiones escaseaban.

Capitán Hale, sólo firmé para servir tres meses.

Mi lapso se cumple mañana, y me voy a casa.

Te necesitamos aquí. Te prometo que si te quedas otro mes, te daré mi salario.

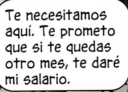

El General George Washington dirigía el Ejército Continental. Él sabía que los británicos podían darles una buena batalla en Boston. Washington ordenó a sus hombres apuntar los cañones hacia los buques de guerra británicos en la bahía de Boston.

¡General Washington! Los ingleses se están retirando sin pelear.

Los británicos no se han rendido. Ellos intentan atacar la ciudad de Nueva York.

Washington dio la orden de avanzar hacia Nueva York. Nathan y otros miembros del regimiento Continental se prepararon para salir.

¿De qué les podemos servir en la orilla del Río Este?

No lo sé, ¡pero espero que veamos un poco en acción en el campo de batalla!

El Teniente Coronel Thomas Knowlton elogió a Nathan por su valentía. Knowlton era el líder de los Rangers de Knowlton. Estos exploradores localizaban blancos enemigos durante la Guerra de la Revolución.

Mientras tanto, los soldados británicos estaban acampando en Long Island en Nueva York. Washington temía que ellos atacaran la ciudad de Nueva York en la isla de Manhattan.

Hale, me gustaría que fueras comandante de compañía de mis Rangers.

Señor, sería un honor.

Necesito saber cuándo y dónde atacarán los británicos. Necesito a alguien que espíe detrás de las líneas enemigas.

Les expondré el caso a mis Rangers, General.

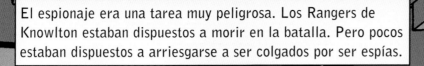

El espionaje era una tarea muy peligrosa. Los Rangers de Knowlton estaban dispuestos a morir en la batalla. Pero pocos estaban dispuestos a arriesgarse a ser colgados por ser espías.

El General Washington necesita a alguien que espíe a los británicos, ¿hay algún voluntario?

Yo asumiré la misión.

William Hull soldado y compañero de Nathan, intentó convencerlo de que no asumiera la misión de espionaje.

Nathan, ¡a los espías los cuelgan porque son considerados una basura!

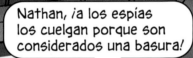

Esta es mi oportunidad de ayudar a mi país.

¡Pero nadie respeta a un espía!

Deseo ser útil, y cualquier tipo de servicio por el bien de los demás se convierte en honorable por ser necesario.

CAPÍTULO 3

ATREVIDO ESPÍA

Disfrazado de profesor holandés, Nathan se encaminó hacia Long Island el 12 de septiembre de 1776. Estaba ansioso de llevar a cabo su misión.

Estoy visitando los lugares de interés antes de que empiecen las clases. ¿Podría venir por mí en unos cuantos días?

Claro, sólo haga señales desde la orilla.

Soy un soldado honesto, señor. Estoy orgulloso de estar cumpliendo con mi deber.

Howe estaba sorprendido con la honestidad de Nathan. Habló con su ayudante, John Montresor, acerca de qué hacer con el prisionero.

Nunca me había topado con un espía que admitiera serlo. ¿Qué crees que deberíamos hacer con él?

Es un jovencito. Dudo que entendiera lo grave que han sido sus acciones.

CAPÍTULO 4

HÉROE DE GUERRA

Normalmente, los espías eran colgados. Pero Montresor sugirió una forma en la que Howe quizá podría perdonar la vida de Nathan.

Has admitido ser un espía. Pero aún así puede que te perdonemos la vida. Firma este juramento de lealtad hacia el Rey George.

¡Nunca!

No tengo lealtad hacia su país o hacia su rey. ¡Yo soy un norteamericano!

¡Entonces estás sentenciado a la horca! ¡La ejecución se llevará a cabo mañana!

22

El Comandante británico William Cunningham puso la cuerda alrededor del cuello de Nathan.

¿Quieres decir tus últimas palabras?

Lo único que lamento es tener una sola vida que dar por mi país.

¡Cuelguen a este rebelde!

El cuerpo sin vida de Nathan permaneció colgado del árbol durante varios días. Los británicos querían que su cuerpo sirviera de lección para el Ejército Continental de que los espías serían colgados.

La noticia sobre la muerte de Nathan pronto llegó a oídos del Ejército Continental.

No lo puedo creer. Hale era un soldado. Lo menos que merecía era un juicio.

Quizás deberíamos de cancelar las operaciones de espionaje, General Washington.

¡No! No podremos vencer a los británicos a menos que nos enteremos de sus planes.

En 1778, George Washington le solicitó al Capitán Benjamin Tallmadge establecer una red de espionaje. El primer círculo de espionaje norteamericano llegó a conocerse como Cupler Ring.

Todo nuestro trabajo debe ser secreto. Nuestro nombre clave es Samuel Culper.

Utilizaremos tinta invisible para todas las cartas que escribamos. También he inventado un código secreto.

Nathan Hale fue un patriota y héroe norteamericano. Él quiso demostrar su valentía en el campo de batalla, pero nunca tuvo la oportunidad. En cambio, su muerte dio origen a mejores esfuerzos de espionaje durante la guerra.

NATHAN·HALE

Siete años después de la muerte de Nathan, terminó la Guerra de la Revolución. En 1783, los Estados Unidos ganaron su independencia de la Gran Bretaña. Desde entonces, Nathan Hale ha sido recordado como el joven que valientemente dio su vida por su país.

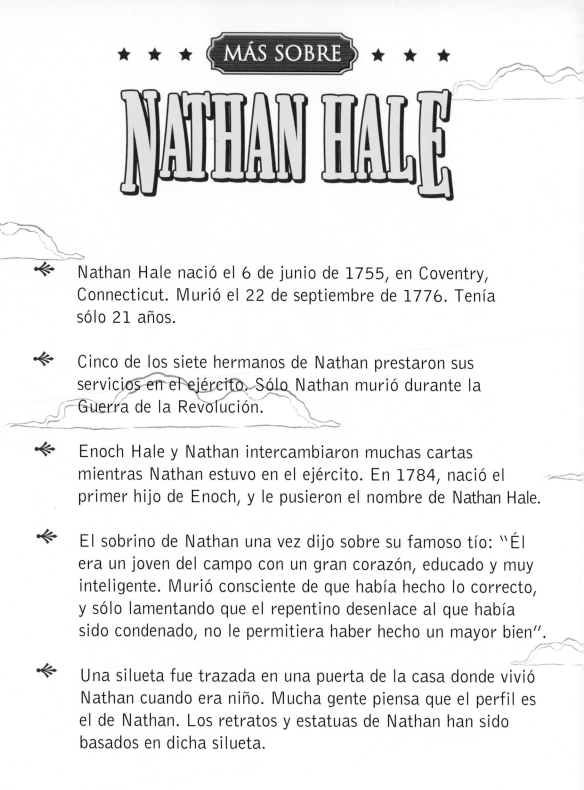

MÁS SOBRE

★ ★ ★ **MÁS SOBRE** ★ ★ ★

NATHAN HALE

❦ Nathan Hale nació el 6 de junio de 1755, en Coventry, Connecticut. Murió el 22 de septiembre de 1776. Tenía sólo 21 años.

❦ Cinco de los siete hermanos de Nathan prestaron sus servicios en el ejército. Sólo Nathan murió durante la Guerra de la Revolución.

❦ Enoch Hale y Nathan intercambiaron muchas cartas mientras Nathan estuvo en el ejército. En 1784, nació el primer hijo de Enoch, y le pusieron el nombre de Nathan Hale.

❦ El sobrino de Nathan una vez dijo sobre su famoso tío: "Él era un joven del campo con un gran corazón, educado y muy inteligente. Murió consciente de que había hecho lo correcto, y sólo lamentando que el repentino desenlace al que había sido condenado, no le permitiera haber hecho un mayor bien".

❦ Una silueta fue trazada en una puerta de la casa donde vivió Nathan cuando era niño. Mucha gente piensa que el perfil es el de Nathan. Los retratos y estatuas de Nathan han sido basados en dicha silueta.

El cuerpo de Nathan fue enterrado en una tumba sin nombre, probablemente en Nueva York. Después de su muerte, la familia de Nathan construyó un monumento conmemorativo llamado cenotafio, en un cementerio de Coventry. La inscripción dice, "Renunció a su vida, se sacrificó por la libertad de su país en Nueva York, septiembre de 1776".

William Hull era un buen amigo de Nathan. Hull fue en busca de John Montresor y le solicitó detalles sobre la muerte de Nathan. Montresor se sentía muy mal acerca de lo que había pasado. "Podría habérsele tratado mejor," le dijo Montresor a Hull. "La guerra saca lo peor de las personas; y supongo que también lo mejor. [Nathan] era un joven extraordinario. Nunca lo olvidaré".

Nathan mantuvo un diario. Abarca el periodo desde que salió de Nuevo Londres, Connecticut, hasta que su compañía militar entró a Nueva York. Algunas páginas del diario están arrancadas. Lo que queda de él comienza el 23 de septiembre de 1775 y termina el 23 de agosto de 1776.

En 1985, Nathan se convirtió en héroe oficial del estado de Connecticut.

GLOSARIO

la balandra—velero con un mástil y velas que están dispuestas de frente hacia atrás

el debate—una discusión que considera los argumentos a favor o en contra de algo

el diploma—un certificado de una escuela que demuestra que una persona terminó un curso de estudio

la red—grupo de personas que comparten información entre ellas

el regimiento—una unidad militar que consiste de aproximadamente 1,000 soldados

SITIOS DE INTERNET

FactHound proporciona una manera divertida y segura de encontrar sitios de Internet relacionados con este libro. Nuestro personal ha investigado todos los sitios de FactHound. Es posible que los sitios no estén en español.

Se hace así:

1. Visita *www.facthound.com*

2. Elige tu grado escolar.

3. Introduce este código especial **073686606X** para ver sitios apropiados según tu edad, o usa una palabra relacionada con este libro para hacer una búsqueda general.

4. Haz clic en el botón **Fetch It**.

¡FactHound buscará los mejores sitios para ti!

LEER MÁS

Cefrey, Holly. *"One Life to Lose for My Country": The Arrest and Execution of Nathan Hale*. Great Moments in American History. New York: Rosen, 2004.

Devillier, Christy. *Nathan Hale*. First Biographies. Edina, Minn.: Abdo, 2004.

Kneib, Martha. *Women Soldiers, Spies, and Patriots of the American Revolution*. American Women at War. New York: Rosen, 2004.

Marquette, Scott. *Revolutionary War*. America at War. Vero Beach, Fla.: Rourke, 2003.

BIBLIOGRAFÍA

Johnston, Henry Phelps. *Nathan Hale 1776: Biography and Memorials*. New Haven, Conn.: Yale University Press, 1914.

Seymour, George Dudley. *Documentary Life of Nathan Hale: Comprising All Available Official and Private Documents Bearing on the Life of the Patriot*. New Haven, Conn.: Private Publisher, 1941.

Stuart, I. W. *Life of Captain Nathan Hale: The Martyr-Spy of the American Revolution*. Hartford, Conn.: F.A. Brown, 1856.

ÍNDICE